AF452702

LA TUNISIE

ET LES

CHEMINS DE FER ALGÉRIENS

AVEC UNE CARTE

DES CHEMINS DE FER ALGÉRIENS ET TUNISIENS

EN EXPLOITATION, EN CONSTRUCTION ET A L'ÉTUDE

—

PRIX : 2 FRANCS

Paris

ROUVIER ET LOGEAT, LIBRAIRES ÉDITEURS

7, passage Jouffroy

LA TUNISIE

CHEMINS DE FER ALGÉRIENS

———

I

Il est un cliché qui sert, à intervalles à peu près réguliers, et qui reparaît surtout quand, pour une raison ou pour une autre, les journaux manquent de copie ; ce cliché c'est : On ne fait rien pour l'Algérie !

Pour la plupart des écrivains qui traitent du haut de leur fauteuil les questions si multiples et si intéressantes de notre colonie, c'est là un argument commode, facile à délayer et qui prend toujours le public, tant le besoin de critique est inné en nous.

Certes, tout n'est pas pour le mieux en Algérie ; on a fait beaucoup, il reste encore beaucoup à faire, et il n'est pas près de luire le jour où l'on pourra appliquer le mot de Voltaire à notre Afrique française et dire que tout va pour le mieux dans la meilleure des colonies possibles.

Mais il faut reconnaître aussi que, dans la mesure du possible, faisant la part des éventualités douloureuses que 1870 et 1871 nous ont imposées, le gouvernement apporte aux améliorations coloniales tous ses soins et toutes les ressources dont il dispose. Les progrès y sont modestes, mais constants, et la patience, la bonne volonté, le travail intelligent triompheront certainement des mauvais errements qui sont signalés comme des obstacles au développement et à la prospérité de l'Algérie. En attendant, cessons de broyer du noir sur la malheureuse Afrique française, et sans tout voir en rose, sachons reconnaître ce qui s'y fait de bien.

Ainsi un événement considérable vient de se produire pour l'avenir de l'Algérie. On s'en est à peine occupé, et les rares journaux qui ont consacré quelques lignes au fait dont nous parlons : le vote du Sénat, sanctionnant la loi votée par la Chambre des députés, transformant la ligne de Bône à Guelma avec prolongement jusqu'à Tunis en chemin de fer d'intérêt général, ont considéré cet acte du Parlement comme une simple loi d'intérêt local indigne de leurs hautes préoccupations. Certaines feuilles, cependant, inspirées par des financiers trop connus, ont laissé éclater leur mauvaise humeur et ont insinué que la Chambre et le Sénat avaient engagé la responsabilité des deniers de la France pour créer « un chemin de fer à l'étranger. » — C'est là un langage un peu excessif, et, hélas ! pourquoi ces habiles n'ont-ils pas eu pour les épargnes de leurs actionnaires et de leurs obligataires l'intéressante sollicitude qu'ils montrent pour les deniers publics ?

Nous demandons pardon à ces manieurs d'argent, mais nous ne sommes pas de leur avis et nous leur démontrerons que ce qu'ils qualifient d'entreprise étrangère est une œuvre éminemment française, essentiellement utile aux intérêts de la France.

L'honorable M. Sadi-Carnot, dans son rapport à l'Assemblée nationale, a dit, en économiste, les motifs qui avaient engagé le gouvernement à sortir de la réserve qu'il s'est imposée en matière d'entreprises de chemins de fer pour ce qui concerne la ligne de Bône à Guelma et le futur réseau de la province de Constantine qui se trouvera relié au chemin de Philippeville et à la voie parallèle à la Méditerranée, de manière à mettre les deux points de la colonie en communication directe et continue, en même temps que par la vallée de la Merdjah, il mettra Tunis en relation avec l'Algérie. Dans un avenir prochain, une voie indiquée de Tanger à la frontière, se joignant au réseau algérien, réunira aussi le Maroc à notre possession.

Au Sénat, 238 voix sur 240 votants ont sanctionné la loi, malgré les réticences et les protestations de M. Emile Labiche, qui s'opposait, au nom des principes connus en matière d'études de chemins de fer, à l'adoption du projet. Après les théories économiques fort savamment développées, ce qui semblait dominer surtout dans l'argumentation de l'honorable sénateur, c'était de voir rejeter l'adoption de la Convention, qui assure la garantie de l'État à la section du réseau se prolongeant sur le sol de la Régence, et il paraissait regretter que la France pût avoir quelque intérêt commun, surtout au point de vue financier, avec la Tunisie.

En ce qui concerne la pratique courante des questions de chemins de fer en France, M. Emile Labiche avait raison sur plus d'un point ; mais étant donnée la situation exceptionnelle de l'Algérie, étant donnés les besoins impérieux qu'elle a d'avoir des communications rapides, étant données certaines considérations d'un ordre plus élevé que les questions de stricte économie, il avait tort, et le Sénat le lui a prouvé. Cette question de la jonction du réseau tunisien avec le réseau algérien a des aspects spéciaux qui lui ont certainement échappé, et il n'est peut-être pas inutile de rappeler à grands traits certaines pages de notre histoire contemporaine pour apprécier ensuite en pleine connaissance de cause le vote du Parlement.

Le bey de Tunis, nominalement vassal du sultan, est bel et bien un Souverain parfaitement indépendant, régnant chez lui d'après des lois confectionnées par son divan ou d'après les édits de son bon plaisir. Puissance peut-être excessive souvent, mais qui dans des mains honnêtes et quelque peu habiles perd de son danger.

A cause de sa situation géographique et de l'exiguïté de ses ressources, la Régence a maintes fois eu à essuyer les marques du patronage des grandes puissances, mais sans jamais donner à aucune d'elles le droit de s'immiscer dans ses affaires intérieures, de prendre une prépondérance quelconque et si jamais elle a manifesté ses préférences, c'est en accentuant les vieilles relations d'amitié qui l'unissent à la France. Nous n'avons pas besoin de dire que la France lui a rendu sympathie pour sympathie en toute occasion, et que ses diplomates l'ont toujours aidée, soit par leurs conseils, soit par leur attitude à sortir des embarras qu'une certaine partie de la diplomatie européenne, agissant sous le courant de diverses influences, aurait voulu lui susciter. Citons une page d'histoire qui date de quelques années à peine, elle en dira plus au lecteur que tous les commentaires que nous pourrions faire :

On sait, dit l'auteur que nous citons, que le gouvernement libéral du bey a fait de grands efforts pour l'élever au rang des nations les plus civilisées, d'abord en abolissant l'esclavage des chrétiens et en faisant fermer les marchés des noirs, puis en établissant, malgré le fanatisme religieux des populations musulmanes, la liberté des cultes ; enfin en appelant des ingénieurs, des officiers, des savants européens, *des Français surtout*, qui ont tracé des routes, creusé des puits, élevé des phares ; les restrictions douanières ont disparu ; enfin une Constitution a été proclamée qui contraste par son libéralisme avec la situation politique des autres États du Nord de l'Afrique.

Ces réformes avaient été acceptées sous la Régence, non sans exciter quelques murmures de la part d'une partie de la population, attachée aux vieilles traditions, aux vieilles mœurs et aux vieux abus. Les mécontents ont trouvé une occasion de se soulever. Les dépenses auxquelles entraînent généralement les réformes ont engagé le bey actuel à élever les impôts ; la capitation, entre autres, qui n'était que de 36 piastres (5o fr. environ) a été portée au double. Le peuple a saisi ce prétexte pour réclamer contre les réformes même, qu'il ne comprend pas et qui le blessent. Dans plusieurs villes les autorités ont été mises en fuite ou enfermées dans les forts. Un chef indigène s'est mis à la tête d'une insurrection et est venu avec une petite armée jusqu'auprès de Tunis demander le renvoi du khasnadar ou ministre des finances. La situation du gouvernement tunisien est d'autant plus critique qu'il avait cru devoir réduire son armée à douze mille hommes pour trouver les fonds nécessaires aux constructions nouvelles.

Il est facile de comprendre que les puissances dont les intérêts sont directement engagés dans la Régence n'aient pu voir ce fait sans émotion. La Turquie conserve toujours l'espoir de rétablir à Tunis sa suzeraineté (1) ; elle est soutenue par l'Angleterre, qui, elle, SE FLATTE

---

(1) Elle existe de nom, mais c'est là tout son prestige. A l'avénement du bey, celui-ci envoie des cadeaux à la Sublime-Porte, un envoyé du sultan lui appporte en retour le firman d'investiture, et reste près du gouvernement qui le considère comme un ministre résidant ; cette sorte de soumission, dans l'esprit du bey et de ses sujets, s'applique surtout au sultan, chef de la religion des croyants.

(NOTE DE L'AUTEUR.)

de mettre le pays sous son protectorat. Un agent anglais, M. Wood, n'a pas manqué de répandre le bruit que le gouvernement français avait l'intention de s'emparer de la Tunisie. Le consul de France s'est hâté de démentir cette calomnie, mais en ajoutant dans l'énergique circulaire adressée aux agents sous ses ordres : « Que les exi-
» gences de notre position en Algérie ne nous permettraient jamais
» de fermer les yeux, s'il se manifestait de la part de qui que ce fût
» quelque tendance à modifier en Tunisie un état de choses consacré
» par le temps, par l'assentiment général et par celui du divan
» (tunisien) en particulier. »

Et cette énergique protestation diplomatique fut appuyée par l'envoi dans le golfe de Tunis de l'escadre française, qui y rencontra les vaisseaux d'une escadre anglaise et fut bientôt rejointe par une division navale turque. L'amiral français crut devoir prévenir toute demande d'explications, et il signifia au chef de la flotille ottomane « que toute intervention matérielle serait mal
« accueillie et que le gouverneur de l'Algérie avait massé
« dans la province de Constantine les contingents dispo-
« nibles. »

L'Italie, qui attendait le vent pour tendre sa voile, se mit dans le sillon de la France, et elle déclara à son tour qu'elle enverrait des troupes pour soutenir ses intérêts, qui étaient ceux des Français, si par malheur un conflit se produisait entre les puissances qui surveillaient l'insurrection.

Livrés à leurs propres ressources, grâce à cette intervention de notre part, les rebelles furent vite réduits à solliciter l'*aman*, et la tranquillité fut rétablie, malgré les subtilités et les habiletés que certains agents mirent à l'empêcher.

Le rôle de la France dans la Régence est suffisamment indiqué dans les lignes qui précèdent ; cependant, il s'est affirmé davantage pendant ces dernières années, et nous avons été à même de rendre au bey des services aussi réels que désintéressés. C'est ce qui explique, autant que nos relations de voisinage immédiat, la situation qui nous est faite en Tunisie. Cette situation avait été prévue dès le début du règne de Moamed-El-Sadock par un de nos compatriotes, peintre d'un réel talent, qui fut aussi un écrivain de mérite, à qui nous demandons la permission de donner un souvenir en passant.

Amable Crapelet (1) habitait Marseille depuis de longues années, lorsque poussé par l'amour du soleil et par le besoin de mouvement et d'horizons nouveaux, il fit un voyage à Tunis. Enfant de la Bourgogne, il avait la bonne humeur du vin de son pays, et il avait pris aux Marseillais la tournure de leur esprit primesautier et gouailleur. Présenté au bey, il sut le charmer par son humeur joyeuse et par sa verve rabelaisienne, si bien que le Commandeur des Croyants de Tunis lui confia une mission dans l'intérieur ; il lui fit donner une escorte et tout l'attirail officiel que comporte une charge de cette nature.

Frivole en apparence, Crapelet était un observateur profond ; lorsqu'il avait dépouillé le mondain, restait chez lui le penseur. Il étudia à fond, l'esprit, les instincts, les desiderata des peuplades qu'il visita, il pressentit le mou-

---

(1) Amable Crapelet était né à Auxerre. Il habitait Marseille où il est mort, il y a quelques années. C'était un orientaliste fougueux, un artiste de valeur. Il a laissé une œuvre importante, disséminée un peu partout et qui témoigne de son talent éprouvé.

vement insurrectionnel qui devait quelques mois après désoler la Régence, il reconnut la main mystérieuse qui semait l'or et agitait le drapeau des mécontents, il indiqua le but de ceux qui fomentaient une révolte pour se donner le facile triomphe de la réprimer et de se créer ainsi des titres certains à la gratitude du souverain, et, appréciant la situation en esprit pratique, se basant sur ce qu'il avait vu, sur ce qu'il avait touché du doigt, il écrivait avec con-viction :

En réalité, ce serait plutôt à la France que la Tunisie serait disposée à·rendre hommage : elle a, en effet, tout à espérer de nos sympathies ou tout à craindre de notre mécontentement, surtout depuis que nous sommes en possession de l'Algérie. L'ANGLETERRE A BIEN AUSSI LA PRÉTENTION D'EXERCER QUELQUE INFLUENCE SUR LA RÉGENCE, mais elle est trop loin. De toutes les villes musulmanes, Tunis est peut-être celle où *les Français sont le plus incontestablement placés par l'opinion des indigènes au-dessus des autres nations européennes.*

Les Anglais ont tout fait pour nous supplanter dans la Régence ; leur principal argument, c'est l'or : ils en ont usé, ils en ont abusé. Déjà, ils sont concessionnaires et ils exploitent le petit railway qui joint Tunis à la Goulette (1);

---

(1) La Goulette passe à travers la petite ville à laquelle elle donne son nom. C'est le port de Tunis, mais les grands navires sont obligés de stationner en rade, le chenal étant trop étroit pour les recevoir. D'un côté sont les maisons, la forteresse, une batterie, l'hôtel du gouverneur de la place, la paroisse catholique, l'établissement des Sœurs de Saint-Joseph, celui des Sœurs de l'Apparition ; de l'autre deux palais et le sérail que le Bey habite lorsqu'il vient prendre les bains de mer. Contraste frappant, à côté de la résidence princière se trouvent l'arsenal et le bagne !

La France a un vice-consul à *La Goulette*. C'est l'honorable M. Cubisol, bien connu de tous les Français par son aménité et par son dévouement, qui est titulaire de ce poste dans lequel il rend de sérieux et importants services.

ils avaient obtenu la concession des chemins de la Merdjah, qu'une convention vient de rendre française après
l'expiration des délais et qui est désormais la propriété de
la Compagnie de Bône à Guelma.

Nous applaudissons fermement à cette conclusion ; nous
n'avons pas besoin d'intermédiaires étrangers entre nous
et Tunis, et la jonction de nos voies ferrées ne fera que
cimenter les relations de bon voisinage qui existent entre
nous, tout en assurant réciproquement aux deux peuples
les bienfaits des communications rapides.

La situation que nous avons à Tunis, tout au surplus
nous commande de la garder et de l'augmenter morale-
ment, si faire se peut ; il y va de la prospérité de notre
colonie, il y va de l'intérêt de nos relations avec l'Afrique
du Nord, il y va d'une œuvre de civilisation et de progrès
à accomplir ; seule, cette mission serait digne de la France
qui n'a jamais failli à l'appel de ce grand devoir.

Laissant donc les mécontents à leurs lamentations sté-
riles, nous applaudissons sans réserve aux décisions de
notre parlement et nous sommes heureux de trouver de
notre avis le principal organe de la presse française —
nous avons nommé le *Figaro* — qui apprécie comme suit
la résolution des pouvoirs publics :

Enfin rendons hommage à notre Parlement. Avant de prendre ses
vacances, il a voté une de ces grandes lois auxquelles la France doit
sa prospérité. Il a doté l'*Algérie* d'un ensemble de voies ferrées qui
exerceront une influence considérable sur le rapide élan commercial,
agricole et industriel de cette contrée. « Le Parlement n'a pas fait les
choses à demi. Il a compris qu'il s'agissait d'un grand intérêt
national. Et après mûr examen au conseil d'Etat, dans la commission
du budget de la Chambre des députés, dans les bureaux du Sénat, la

loi mémorable, qui vient consacrer l'excellence de nos doctrines en matière de chemins de fer, a obtenu la presque unanimité des suffrages des Députés et des Sénateurs.

« Le président de la République l'a déjà promulguée (1). »

II

Il y a eu, nous l'avons dit en constatant l'opposition de M. le sénateur Labiche, une certaine appréhension, un semblant d'inquiétude quand on a vu notre responsabilité s'engager dans une affaire que l'on considère à tort comme Tunisienne, et cette impression nous a été communiquée par certains esprits judicieux. Examinant la chose à la surface, ils se sont émus de nous voir dépenser nos ressources pour une affaire intéressant, selon eux, surtout la Régence.

A première vue, leurs arguments n'étaient pas sans valeur. Ils rappelaient les difficultés financières des dernières années, les scandales, les coups de main, les actes déloyaux qui épanouissaient sous la main et avec l'approbation avérée de Mustapha-Khasnadar, le trop célèbre ministre qui a mérité une réputation telle, que celle des anciens bédouins pourrait paraître honorable à côté de la sienne. Ils signalaient l'état de décadence dans lequel se trouve le pays, ses ressources compromises, le règne du bon plaisir laissant les intérêts sans garantie, la somnolence du peuple et sa rébellion à toute idée de progrès. Le tableau était sombre, mais il n'était pas exact ?

---

(1) *Figaro* du 1er avril 1877.

C'était là, la Tunisie d'hier, ce n'est plus celle d'aujourd'hui. Devant l'évidence des faits accomplis, il n'y a qu'à s'incliner. En moins de deux ans, ce pays a changé de face, il a secoué la torpeur qui le tuait et il marche en avant, avec d'autant plus d'ardeur, qu'il a eu jusqu'ici à subir de plus cruelles entraves.

Examinons ce que fut la Régence, ce qu'elle est actuellement, mais sans illusions comme sans complaisance. Nous racontons ; au lecteur à tirer de notre récit les déductions qui en ressortent et les prévisions pour l'avenir.

Pendant trente ans, Sid. Mustapha, *Khasnadar*, c'est-à-dire premier ministre du Bey, a exploité à son profit, sans pudeur et sans vergogne, toutes les ressources vives de la Régence. Pendant ces trentes longues années il a pu, grâce à une habileté qui n'eut d'égale que sa scélératesse, cacher ses exactions et couvrir ses trop nombreux complices de sa haute protection. Cet état de choses s'est perpétué au milieu des murmures et des menaces sourdes sous trois règnes, ceux de Sid. Ahmed-Bey, Sid. Mohamed-Bey et pendant une partie de celui du souverain actuel.

En vain, le peuple pressuré, meurtri, ruiné, exaspéré, réclamait-il contre la persécution dont il était la victime ; la prison, le fouet, quelquefois même le supplice avaient raison de ceux qui se permettaient d'élever la voix. Les iniquités de Mustapha et son impudence furent telles que le laboureur, n'étant pas assuré de récolter la semence qu'il avait semée, que l'industriel, menacé à chaque instant dans son commerce, abandonnèrent, les uns les champs, les autres l'usine, et préférèrent mener dans le désert la vie des tribus nomades que de travailler à la propérité générale en aspirant à leur prospérité propre. *Gussa*, la ville industrielle par excellence de la Tunisie, l'importante fabrique de burnous et de turbans dont les produits pénétraient jusque dans l'extrême Orient où ils étaient réputés, ferma peu à peu ses fabriques, se dépeupla et, malgré les attentions vigilantes dont elle est l'objet depuis qu'un pouvoir régénérateur a succédé à la désastreuse administration de Mustapha, elle est loin d'avoir retrouvé son importance et sa célébrité, pour jamais disparues peut-être.

L'heure de la justice devait sonner pourtant ; elle fut précédée d'une révolte à jamais célèbre dans les annales de la Régence, et le mouvement insurrectionnel menaça un instant d'engloutir le ministre prévaricateur et le souverain trop tolérant.

Au Bardo, le Bey, soigneusement entouré de créatures dévouées corps et âme au sinistre Mustapha, ignorait tout. Trouvant en lui un ministre d'une activité dévorante, en même temps qu'un instrument docile, toujours prêt à satisfaire tous ses caprices, à les provoquer même, le Bey avait dans son conseiller une confiance tellement aveugle, qu'il ne prêtait qu'une oreille distraite aux rares clameurs qui arrivaient jusqu'à lui. Cependant les emprunts se succédaient, les ressources du gouvernement s'aliénaient, les impôts étaient écrasants et les caisses étaient toujours vides ! —Vint le moment où le mot de banqueroute fut prononcé tout bas ; cependant il eut de l'écho ? — Les embarras financiers, les préoccupations intérieures dues à la révolte, tout se produisit en même temps. Les événements, dès lors, eurent la parole ; ils parlèrent plus haut, plus impérieusement que toutes les protestations du vieux courtisan et le Souverain mis en éveil devint attentif.

Un moment Mustapha, comptant sur des espérances

de crédit de financiers aux abois, crut qu'il pourrait dominer la crise. Peut-être espérait-il traiter les souscripteurs
des emprunts tunisiens comme il avait l'habitude de
traiter les sujets du bey. Il essaya d'abord d'obtenir des
délais, de traîner en longueur, mais les chargés d'affaires
des puissances, qui jugeaient *de visu* l'étendue du mal,
ses causes, et qui connaissaient la *loyauté* trop évidente
du khasnadar, se concertèrent et demandèrent des
mesures d'ordre et des garanties. — Mustapha se sentit
perdu. Il voulut toutefois essayer de tenir tête à l'orage
qui le menaçait; il avait un parti fort, surtout à l'étranger.
Des écrits séditieux furent lancés, des hosannahs furent
entonnés en l'honneur du ministre par des complaisants
largement salariés, ses complices se groupèrent autour de
lui et essayèrent, par tous les moyens possibles, de donner
le change aux esprits. Toutes ces manœuvres avortèrent,
et Mahomed-El-Sadock se trouva un jour en présence de
la plus triste réalité et n'eut plus à constater que les dila-
pidations et les crimes dont son ministre favori s'était trop
longtemps rendu coupable.

Le gouvernement français était à ce moment représenté
à Tunis par M. le vicomte de Vallat, ministre plénipoten-
tiaire qui, dès son arrivée, « avait su conquérir auprès du
souverain l'influence la plus efficace et la plus méritée »,
et qui dans cette occasion lui offrit les conseils de son
expérience.

Lorsque le bey fut convaincu que le pays était ruiné par
un ministre indigne qui avait élevé le dol et la fraude à la
hauteur d'une institution, qui avait arrêté l'agriculture et
l'industrie de la Régence au lieu de les protéger; quand il
eut pu constater que les collecteurs d'impôts eux-mêmes

avaient été dévalisés, presque aux portes de Tunis, par des brigands, probablement à la solde de son ministre, mais sûrement commandés par le propre fils de celui-ci; quand il put juger de l'étendue du mal fait, tant sous son règne que sous celui de ses prédécesseurs, Mahomed-El-Sadock n'hésita pas pour conjurer, dans les limites du possible, ce triste état de choses, à recourir aux lumières de notre ministre.

En même temps, usant de son droit de grand justicier, il déclara Mustapha-Khasnadar déchu de tous ses titres, droits et décorations, il le condamna à une restitution de 20,000,000 de francs envers le Trésor, et, dernière faveur orientale octroyée à celui qui fut son favori, il lui envoya des lacets d'or avec injonction de s'étrangler!!

Le vieux *berbère* eut peur de la mort. Il paya sa rançon et demanda grâce. Sa conscience trop chargée se refusait à paraître, avec son fardeau d'iniquités, devant le Dieu de Mahomet. Le bey, en présence des supplications de son ex-favori, lui fit grâce de la vie. Celui qui fut Mustapha-Khasnadar, honni, conspué, méprisé, « mieux gardé, dit un auteur, dans sa maison de Tunis, vraie prison, par la haine des Arabes, que par les soldats et les geôliers, » assiste au redressement d'un pays qu'il semblait conduire de parti pris à sa perte. Cet homme, dont l'ambition était sans bornes, dont la soif de pouvoir était inextinguible, courbe le front sous le mépris public, et les imprécations qui couvrent son nom abhorré sont pour lui le pire des châtiments.

On se fera facilement une idée du degré de haine professé par le peuple contre celui qui fut pendant si longtemps son maître. Le soir du jour où on apprit le renversement de Mustapha et son remplacement par Sid. Khaïr-ed-din, quand on sut que c'était grâce à l'intervention de M. le vicomte de Vallat que cet heureux événement se produisait, la ville s'illumina tout à coup, et, dans la prière du soir, les officiants des mosquées mêlèrent le nom du ministre de France dans la prière à Mahomet, comme celui d'un libérateur public.

Khaïr-ed din, plus connu sous le nom de Khérédine qu'on s'est habitué à lui donner en Europe, était le gendre de Mustapha. Quelle que fût la responsabilité et les difficultés de la tâche qui lui était offerte, il n'hésita pas à l'accepter. Il savait cependant qu'aux embarras sans nombre de la situation du pays, allaient se joindre pour lui les critiques les plus acerbes ; il s'attendait à voir ses actes comme ses intentions travesties et calomniées, son autorité contestée. Les 20 millions restitués par Mustapha n'ayant pas amoindri sensiblement ses immenses richesses sagement réparties dans les banques du continent, les complaisants et les créatures ne devaient pas lui manquer. C'est ce qui est arrivé, c'est ce qui arrive (1) ; mais le ministre actuel, fort de son dévouement à son pays, répond par des actes aux calomnies qui essayent de l'atteindre.

C'est comme soldat qu'il avait d'abord appelé sur lui l'attention publique ; puis, quand la situation financière de la Tunisie eut rendu nécessaire la création de commis-

---

(1) Certains journaux se font l'écho des attaques dont Khérédine est l'objet, mais particulièrement des journaux italiens. A Tunis, les noms obscurs de ces journalistes sont inconnus, mais on nomme assez haut leurs inspirateurs pour que ceux-ci mettent un certain soin à se cacher ; leur passé les condamne au surplus à un respectueux silence.

saires internationaux, ceux-ci trouvèrent en Khérédine un auxiliaire aussi capable qu'éclairé. Son concours fut des plus précieux, et, grâce à lui, la lumière put se faire sur les ténébreuses opérations de l'astucieux et trop habile Mustapha. Il montra par la suite, dans diverses circonstances, un véritable tempérament d'homme d'état. Esprit juste, ferme sans raideur, il sait allier la prudence aux nécessités et aux entraînements de la vie publique. Musulman de la jeune école, tolérant, non par indifférence, mais par conviction et par raison d'État, âpre au labeur et complétement désintéressé, il cherche surtout à s'entourer de gens qui puissent l'aider dans l'œuvre de rénovation qu'il s'est imposée. Il a su réaliser déjà de sérieuses réformes, et il a su mériter, ce qui devait être pour lui une précieuse récompense, de voir la confiance, disparue sous l'administration précédente, revenir avec le crédit aux affaires de la Régence. Il s'occupe avant tout et par dessus tout, d'équilibrer les finances et d'assurer le service des emprunts. Grâce à sa sollicitude, le laboureur, sûr de récolter sa moisson, ensemence les magnifiques plaines du pays ; l'industriel remonte ses métiers, et un mouvement ascensionnel se produit dans toute la Tunisie ; il appelle à lui tous les concours et il recherche avec soin les moyens de faire sortir à effet les magnifiques ressources que possède le pays. Les gisements aurifères de Bou-Hedma, qui, au dire de M. Fuchs, ingénieur qui les a explorés avec attention, sont d'une puissance rare, seront probablement bientôt mis en exploitation ; d'autres mines de fer, de cuivre, etc., sont l'objet d'études constantes.

Les deniers de l'État, sagement répartis, lui permettent d'édifier des œuvres d'intérêt général ; des écoles, des

hospices sont en construction, des routes sont en cours
d'exécution, enfin tout témoigne de l'activité et de la pré-
voyance du premier ministre.

Tunis est, on le sait, séparé de la Goulette par un lac,
El-Bahyrah aujourd'hui obstrué et sur lequel de simples
barques ont de la peine à naviguer.

Le nom de la Goulette vient du petit chenal qui rejoint
cette étendue d'eau qui a environ 18 kilomètres de circon-
férence avec la mer, c'est sur les bords d'El-Bahyrah
qu'est construit le chemin de fer de la Goulette, exploité
par les Anglais, qui relie cette petite ville à la capitale et
au Bardo.

Une des préoccupations de Kérédine c'est de transfor-
mer ce lac, dont le nom signifie « petite mer » en un véritable
port. Il s'en est ouvert à un des hommes qui connaissent
le mieux le pays et qui peuvent apprécier mieux que qui
que ce soit l'importance d'un pareil projet, M. Oscar Gay,
de Tunis. Nous croyons savoir qu'il s'occupe de le réaliser. Des études sont faites dans ce but, et le moment n'est
peut-être pas éloigné où cette réalisation viendra répondre
aux prévisions du ministre et de son intelligent collabora-
teur. M. Oscar Gay, de Tunis, a occupé en France un des
postes les plus difficiles et les plus recommandables, celui
de Directeur des Consulats au Ministère des affaires étran-
gères; il a su, par un séjour assez long dans la Régence,
par des études spéciales, se rendre compte de certaines
particularités qui échappent à l'examen superficiel; en se
faisant le promoteur du port de Tunis, il rendra au gouvernement du Bardo un nouveau et sérieux service et il
coopérera, pour la marine des deux mondes, à la création
dans ces parages d'un abri aussi utile que sûr.

2

En politique, le caractère, les connaissances de Khéré-dine-Khasnadar, son amour du bien et du progrès, son patriotisme, trouvent un écho bienveillant et sympathique chez les puissances amies, et depuis longtemps les relations extérieures n'avaient été aussi excellentes, aussi cordiales que depuis qu'il y préside.

Le Gouvernement intérieur est loin d'être aussi facile. Non-seulement les critiques intéressées et les clameurs des partisans de Mustapha ne rendent pas la tâche commode, mais la situation des esprits crée chaque jour des obstacles nouveaux qui, chaque jour, réclament de nouvelles préoccupations. Deux voyageurs, nos compatriotes, chargés par le Gouvernement français d'une mission scientifique en Tunisie, ont tracé récemment de la situation intérieure de ce pays, un tableau aussi exact qu'intéressant. Nous le reproduisons en entier :

Deux grands partis se divisent le pays : les Bachias ou Arabes indépendants, véritables Bédouins, et les Ahisinia ou parti du gouvernement. Le premier est représenté par la grande tribu des Beni-Zid, le second par celle des Hammémas. Autour de ces deux tribus, les plus puissantes de la Tunisie, viennent se ranger toutes les autres, suivant leur opinion et leurs intérêts. Ce sont, pour ne citer que les principales, du côté des Beni-Zid : les Metelites, près de Sfakès ; les Souasi, entre Souasa et Kérouan ; les Hazem, entre Sidi-Mahedeb et Gabès ; les Medjar et les Tarachiches, entre Tunis et la frontière algérienne du Nord. Du côté des Hammémas, ce sont : les Zélas, près de Khérouan ; les Ourghéma, près de la frontière tripolitaine, les Accura, à Zersis ; les Neffet, entre Sidi-Aghereh et Oued-el-Ben ; les Ouled-Ayas, entre Kef et la frontière algérienne. Ces deux partis ont en outre des villes alliées ; les Beni-Zid ont moitié de Nefzaoua, moitié de Gabès, la moitié du Djerid et du Sahel ; l'autre moitié de ces localités appartient aux Hammémas, qui ont pour eux la ville de Sfakés.

Il ne faudrait pas croire que le parti qui se dit être celui du bey reconnaisse son autorité sans conteste. Il n'en est rien : le gouvernement donne son appui et son nom aux Hammémas, uniquement pour les opposer aux Beni-Zid, balancer la puissance de l'un et de l'autre, et pouvoir vivre lui-même en paix au milieu de ces guerres perpétuelles. Mais quand il s'agit de recouvrer l'impôt, il s'aperçoit vite combien il doit peu compter sur le dévouement de ses alliés ; les difficultés sont les mêmes d'un côté que de l'autre ; les indépendants se croient dans leur droit en refusant la dîme à une autorité qu'ils supportent avec peine, et les autres trouvent qu'ils payent assez de leurs personnes en combattant les ennemis du gouvernement sans payer encore de leurs bourses. C'est ainsi que les Ourghéma, quoique appartenant au parti des Hammémas, ne payaient l'impôt que lorsque bon leur semblait, et nous avaient été signalés à Tunis comme une tribu dangereuse contre laquelle l'appui du gouvernement ne saurait nous protéger.

Nous devons dire que le changement ministériel qui avait eu lieu depuis quelques mois à Tunis semblait devoir renouveler la face des choses. Les exactions et les iniquités de toute sorte auxquelles les Arabes étaient précédemment en butte n'étaient pas faites pour les encourager à payer régulièrement la dîme. On a lieu d'espérer que d'ici à peu de temps l'autorité du gouvernement s'appuiera sur des bases plus solides.

Ainsi s'exprimaient, en avril 1874, MM. Rabatel et Tirant, deux docteurs en médecine, et ils constataient, à ce moment, c'est-à-dire deux mois environ après l'entrée de Khérédine, au cabinet du Bardo, que l'opinion publique saluait son administration comme une ère d'apaisement et de légalité.

On le voit, la mission de Khérédine à l'intérieur est laborieuse, elle réclame tous ses soins et demande ses remarquables aptitudes. Jusqu'à présent, cependant, il a fait face à toutes les exigences, il a tenu tête à tous les embarras qui se sont présentés, surtout ceux suscités par la faction envieuse qui regrette le passé et les ténébreuses opérations qu'il recouvre de son silence.

Ce qui distingue Khérédine des hommes d'État de l'Orient, c'est qu'il ne laisse pas aux seuls événements le soin exclusif de lui dicter sa conduite; il a une sorte de programme national et il s'en écarte le moins possible. Ce programme réserve une supériorité incontestable à la Tunisie, dans quelques années. Avant tout, il s'occupe de l'éducation des générations nouvelles. Il essaie de former un caractère national, un parti tunisien homogène dans lequel viendraient se fondre toutes les rivalités de tribus, et qui se rangerait sous l'étendard du Bey, plutôt que sous le guidon du *douar*. — Il n'a pas craint de dire lui-même : « le plus grand obstacle au développement de ce pays, c'est l'ignorance. » Il aurait pu ajouter à cette cause principale : le fanatisme oriental et la superstition. Peut-être bien, il le pense aussi, mais on comprend, dans ce cas, sa réserve et comme musulman, et comme chef de cabinet. Il s'efforce, par le bien-être de tous, d'amener, peu à peu, la disparition des égoïsmes de castes, de tribus, et à leur faire l'application des devoirs sociaux de la vie commune; il sait combien l'Arabe est ombrageux, combien chaque déplacement lui est pénible, tant au physique qu'au moral; il attend d'avoir plusieurs fois raison pour faire accepter sans murmures une idée nouvelle. Le vieux parti frissonne, il se sent menacé, mais les jeunes hommes et les jeunes gens qui arrivent aux affaires, savent gré à Khérédine de ses efforts.

Nous avons donc raison de le dire, la Tunisie d'hier,

c'est-à-dire la Tunisie dans les griffes de Mustapha, ne ressemble en rien à la Tunisie dans les mains de Khérédine-Khasnadar, et il est important de le constater.

Au surplus, les résultats sont palpables. Qui eût osé créer en Tunisie un chemin de fer, sous la domination exécrable et exécrée de Mustapha? Ses bons amis les Anglais avaient pourtant la concession, mais avaient-ils confiance? Quels capitaux auraient-ils engagés? — Pas un maravédis !

Et cependant aujourd'hui, une compagnie française sérieuse, qui vient de donner des preuves de puissance et de volonté, ne craint pas de se charger de l'entreprise, et la France n'hésite pas à couvrir de sa garantie cette entreprise qui est appelée, tout en rendant des services à notre réseau algérien, à féconder la Tunisie et à aider le Bey et son ministre à développer et à étendre les ressources industrielles et agricoles de leur magnifique pays.

III

Comme le dit avec raison M. H. Duguiès, le rédacteur autorisé du *Messager de Paris* qui a consacré aux CHEMINS DE FER ALGÉRIENS une étude aussi complète qu'intéressante: « Le public est peu au courant de l'état des chemins de fer en Algérie (1). »

---

(1) Voir les MESSAGERS DE PARIS des 3, 6, 8, 10, 13 et 17 février 1871. — Le travail de M. Henri Duguiès est un document remarquable, et nous engageons vivement. les personnes qu'intéressent les chemins de fer algériens à le lire, elles y puiseront des renseignements on ne peut plus satisfaisants.

La Compagnie P. L. M. est concessionnaire de deux lignes, celles d'Alger à Oran et de Philippeville à Constantine, formant ensemble un réseau de 513 kilomètres exploités depuis quelques années déjà.

Une autre ligne, de Bône à Aïn-Mokta, est également en exploitation depuis plusieurs années, mais elle n'est employée qu'aux transports des minerais de la Compagnie minière dont elle est la propriété (52 kilomètres).

Vient immédiatement après la ligne de Bône à Guelma exploitée dans sa première section jusqu'à Duvivier depuis le premier octobre dernier, ouverte à la circulation jusqu'à Guelma son point *terminus* provisoire, depuis quelques jours, et sous peu à l'exploitation (88 kilomètres).

Puis les lignes suivantes en construction :

D'Arzew à Saïda (200 kilomètres).

De Sainte-Barbe du Thélat à Sidi Bel Abbès (52 kilom.)

De Constantine à Sétif (155 kilomètres). — Avec embranchement sur Batna (80 kilomètres).

La ligne d'Arzew à Saïda appartient à la Compagnie *Franco-Algérienne*. Elle lui a été concédée par convention intervenue entre elle et le Gouverneur général de l'Algérie, du 13 février 1873, approuvée par le décret de déclaration d'utilité publique du 29 avril 1874.

Elle fait partie d'une concession d'exploitation d'*alfa* faite en même temps à la même Société. Par suite de modifications intervenues depuis la convention primitive, le tracé définitif de cette concession a été arrêté comme suit :

« La voie ferrée partira d'Arzew et se dirigera sur Saïda par la Macta, Debrousseville, Perregaux, Oued el Hammam, la plaine d'Egris, en se rapprochant le plus possible de la plaine de Mascara, la plaine de Taria, la vallée de l'Ouëd-Saïda et Saïda. A partir de Saïda, la ligne sera prolongée à travers les Hauts-Plateaux sur 70 kilomètres environ, à peu près dans la direction de Géryville. La longueur totale de la ligne, ce prolongement compris, sera d'environ de 210 kilomètres. »

Déjà les locomotives parcourent la voie ferrée jusqu'à Perregaux, c'est-à-dire sur une longueur de 50 kilomètres ; si les prévisions se réalisent, au mois de juillet prochain la ligne sera achevée jusqu'à Saïda et la fin de l'année verra la voie ferrée reliée aux principaux centres de la concession de *l'alfa* sur les Hauts-Plateaux.

Le Chemin de fer de Sainte-Barbe du Thélat à Sidi-Bel-Abbès appartient à la Compagnie de *l'Ouest-Algérien* (1), société formée pour :

« La concession, la construction et l'exploitation de toutes les lignes de chemins de fer constituant un prolongement ou un embranchement de la ligne ci-dessus désignée et la concession, la construction et l'exploitation de toutes autres lignes de chemins de fer en Algérie. »

Dans le courant de ce mois, la ligne de Sainte-Barbe de Thélat à Sidi-Bel-Abbès sera ouverte à la circulation et fonctionnera régulièrement.

La ligne de Constantine à Sétif appartient à la Compagnie de *l'Est-Algérien*. La convention portant concession de cette voie ferrée date du 26 juillet 1875 ; elle indiquait comme tracé de la ligne les points suivants de Constantine, passant par ou près le Kroubs, les Oued-Rahmoun, El Guerra, Saint-Donat et les Eulmas.

Cette convention, adoptée par le Conseil d'Etat le 11 no-

___

(1) Voir page 24, aux lignes à l'étude, les tronçons appelés à former cet important réseau.

vembre 1875, a été ratifiée par une loi votée le 15 décembre de la même année, qui a déclaré d'utilité publique l'établissement de ce chemin de fer et lui a reconnu un caractère d'intérêt général.

Les statuts de la la Société anonyme des chemins de fer de l'*Est-Algérien* ont été établis le 26 janvier 1876 ; elle a été définitivement constituée le 5 février suivant, et ses travaux ont immédiatement commencé. La première section de 40 kilomètres, partant de Constantine, est en pleine exécution ; les lots ont été adjugés, et en juin prochain tous les travaux seront donnés.

L'achèvement de ces lignes diverses constituera en Algérie un réseau de 1,008 kilom.

Des études sont faites chaque jour, et l'administration reçoit de nombreuses demandes de concession. Plusieurs lignes sont déjà décidées ou à la veille de l'être. D'autres, ajoute le *Messager de Paris*, à qui nous empruntons ces notes, sont dès à présent l'objet d'études préliminaires et figurent à l'état de prévision dans l'ensemble des projets élaborés.

Voici, d'après un récent travail officiel, la série, la nature et la longueur des lignes ainsi projetées :

1º D'Affreville à Amourah (avec prolongement sur Boghari), sans garantie, mais avec concession d'une exploitation d'alfa sur les plateaux au sud de Boghar. Longueur, 35 kilomètres. — L'enquête ouverte préalablement à la concession de cette ligne a été terminée en 1875. Cette particularité lui donne une place à part.

Les lignes à l'étude sont les suivantes :

2º De Sidi-Bel-Abbès à Tlemcen avec prolongement vers la frontière marocaine par Lalla Maghrnia. — Classée comme ligne d'intérêt général.

3º De Sidi-Bel-Abbès à Magenta. En échange d'une concession d'*alfa*. — Classée comme ligne d'intérêt local.

4º De Lamoricière à Sebdou. — Classée comme ligne d'intérêt local.

5º D'Oran à Aïn-Temouchen. — Classée comme ligne d'intérêt local.

Les cinq tronçons dont nous venons d'indiquer les parcours sont étudiés par la Compagnie dite de l'Ouest-Algérien.

6º De Tlemcen à Rachgoun, avec embranchement sur le port projeté au Beni-Saf, étudiée de compte à demi avec l'État et la Société Algérienne (70 kilomètres). On prétend que cette ligne est abandonnée, ainsi que le port qui la motivait.

7º De la Maison-Carrée au col des Béni-Aïcha (Prolongement sur Tizi-Ouzou à l'étude. — Classée comme ligne d'intérêt local par le conseil général d'Alger (43 kilomètres). Concédée à M. Joret, ingénieur.

8º D'El-Affroun à Marengo et à Cherchell. — Classée comme ligne d'intérêt local par le conseil général d'Alger (43 kilomètres).

9º De Birtouta à Rovigo. — Classée comme ligne d'intérêt local par le conseil général d'Alger (10 kilomètres).

10º D'Alger à Constantine par Aumale ou par le col des Béni-Aïcha (Intérêt général. — Étudiée par l'État.)

Les lignes suivantes sont à l'état de prévision :

1º De Ténez à Orléansville, subordonnée à l'achévement du port de Tenez. — Intérêt local (65 kilomètres).

2º De Mostaganem à Relizane, avec prolongement sur Tiaret. — Intérêt local (175 kilomètres.)

3º De N.... à Khenchela. — Exploitation industrielle s'embranchant sur celle de Constanstine à Batna (100 kilomètres).

Dans le dernier rapport présenté par le Gouverneur général de l'Algérie au Conseil supérieur, M. le général

Chanzy annonçait que « les enquêtes relatives à la création d'une voie ferrée entre Mostaganem et Tiaret, par Relizane, étaient terminées, » et il donnait comme complément les renseignements sur les voies ferrées algériennes :

Je mentionnerai parmi les tracés actuellement à l'étude :

1° Le prolongement jusqu'à Tébessa de la ligne de Bône à Guelma, sollicité par la Compagnie des Batignolles (1).

2° L'embranchement d'El-Guerra à Batna que la Compagnie Joret (*Est Algérien*) s'est engagée à exécuter sans subvention.

3° La ligne de Mouzaïaville à Boghar par Médéah, avec embranchement sur Berrouirghia.

4° L'étude de la ligne de Tlemcen à la mer par la vallée de la Tafna qui est actuellement terminée.

Enfin une combinaison qui peut avoir les plus heureuses conséquences pour le commerce et les relations de l'Algérie avec la Tunisie, c'est la substitution d'une Compagnie industrielle française à la Société anglaise concessionnaire de la ligne de Tunis à Béja. D'après les derniers renseignements qui nous ont été communiqués, les études de cette importante voie ferrée seraient très avancées, et tout nous porte à croire qu'elle pourra être mise à exécution dans un avenir peu éloigné.

Les prévisions indiquées par M. le Gouverneur général de l'Algérie sont aujourd'hui un fait accompli, grâce à l'activité et à l'esprit d'initiative de la société anonyme des chemins de fer de Bône à Guelma constituée par acte public du 24 mars 1875 et fonctionnant depuis le 2 avril de la même année.

Cette compagnie est donc aujourd'hui concessionnaire

---

(1) Cette ligne lui était concédée éventuellement, elle est aujourd'hui dans le réseau de la Compagnie de Bône à Guelma, société qui s'est substituée à la Compagnie des Batignolles.

de, deux nouvelles lignes qui formeront le prolongement du chemin de Bône à Guelma; celle de Duvivier à Souk-Arrhas, avec prolongement jusqu'à Sidi-el-Hemessi et à la frontière tunisienne, où elle se rejoindra à la ligne de Tunis à Béja, prolongée jusqu'à sa jonction avec le tronçon algérien; et celle de Guelma à la ligne de Constantine à Sétif, qui reliera le réseau des chemins de la Compagnie de Bône à Guelma avec l'*Est-Algérien*, et par lui avec le réseau général de la colonie.

Les avant-projets sont dressés déjà pour les sections de Duvivier à Souk-Arrhas et de Guelma à Hamam-Makoustine, soit pour la première 67 kilomètres, et pour la seconde 19 kilomètres 700. Selon une note de M. E. Hardy, inspecteur général des ponts et chaussées, directeur des travaux publics en Algérie, 120 kilomètres environ séparent Duvivier de la frontière, et la distance entière de Guelma au Kroubs est de 110 kilomètres :

« Les lacunes de Duvivier à la frontière, dit M. E. Hardy, et de Guelma au Kroubs comblées, les produits de la Tunisie arriveraient sans transbordement au port de Bône, de même que la Tunisie serait ouverte aux marchandises arrivant à ce port; la capitale de la Régence, ainsi qu'une portion importante de son territoire, serait reliée directement à Constantine et par le chemin en projet de Sétif à Alger, au réseau *Ouest Algérien*.

Un instant on avait cru que la Compagnie attendrait quelques années encore pour s'occuper de la section de Duvivier à Souk-Arrhas, qui présente de sérieuses difficultés naturelles à vaincre. Il n'en est rien. Une note du *Moniteur des Chemins de fer d'intérêt local et des travaux publics* est venue rassurer les intéressés ; nous ne croyons pouvoir mieux faire que de la reproduire.

Nous citons :

Le prix de revient de la section de Duvivier à Souk-Arhas, qui sera
très élevé, nous a longtemps fait craindre que ce travail ne fût ajour-
né : Nous sommes heureux de donner à nos lecteurs cette bonne
nouvelle qui nous permet d'espérer la construction prochaine du
chemin de fer de Tunis par la Medjerdah.

Des renseignements que nous avons lieu de croire exacts, nous
apprennent que le gouvernement général de l'Algérie et le consulat
de France sont d'accord pour hâter l'exécution de cette affaire, et que
la Compagnie concessionnaire trouvera, tant chez le gouvernement
français que chez le gouvernement tunisien, l'appui que pourrait
nécessiter l'incertitude de cette ligne.

Nous n'en attendions pas moins de la haute sollicitude
de M. le général Chanzy, et de la sagesse éclairée de l'honorable M. Roustan, notre chargé d'affaires près le gouvernement du Bardo; quant au concours de Sid. Kérédine,
il est acquis tout entier à cette œuvre qui ouvre à son pays
une ère de travail et de prospérité.

C'est par la vallée de la Medjerdah, on le sait, que s'opé-
rera la soudure des chemins algériens au réseau tunisien;
c'est une des contrées les plus fertiles de la Régence, et
nous compléterons les notes que nous avons groupées ici
par un extrait de la relation d'Amable Crapelet, dont
nous avons déjà eu l'occasion de nous entretenir plus haut,
relatif à cette belle vallée :

« Les bords de la Medjerdah sont très pittoresques. Le fleuve est
en grande partie ombragé sur les deux rives par des dattiers et des
bananiers; le figuier de Barbarie et les lauriers-rose avec leur cime
colorée de carmen complètent la décoration. Les caravanes traversent
fréquemment le Medjerdah sur plusieurs points. En remontant son
cours on rencontre quelques îles couvertes de tamariniers; son eau,
où reflue la mer, est salée jusqu'à une grande distance de son embou-

chure. Vers les contrées voisines de la mer on voit l'olivier croître en
abondance . . . .

. . . .

« On peut dire sans aucune exagération, qu'il n'est point de sol
plus libéral et plus riche que celui de la Tunisie. On y trouve réu-
nies toutes les espèces d'arbres, toutes les fleurs, tous les fruits du
Nord et du Sud. Aujourd'hui, le blé et l'huile en sont les principaux
produits; mais de combien ne s'en faut-il pas que cette terre géné-
reuse soit exploitée comme elle pourrait l'être ?. . . . .

. . . .

« Dans beaucoup de parties de la Tunisie on trouve l'argent, le
mercure, le plomb, le fer, le cuivre, le cristal de roche et même l'or. »

La concession tunisienne faite à la Compagnie anglaise,
et rachetée par la Compagnie de Bône à Guelma, atteignait
Béja et les importants gîtes plombifères de la Djebba dont la
production décuplera dès que l'écoulement des produits de
ces importantes mines sera rendu facile par les railways.

Il n'est pas possible de préciser dès à présent les points
exacts que desserviront les deux nouveaux tronçons con-
cédés à la Compagnie de Bône à Guelma, les ingénieurs
de la Compagnie vont se mettre à l'œuvre, et leurs capa-
cités et leur expérience bien connues trouveront, dans les
études auxquels ils vont se livrer, une nouvelle occasion de
s'affirmer, en indiquant un tracé définitif qui sauvegar-
dera tous les intérêts.

La Compagnie de Bône à Guelma, dans la prompte
réalisation de sa concession primitive, a prouvé son activité, la fécondité de ses ressources et son entente parfaite
des choses des chemins de fer. Aujourd'hui, elle vient de
prouver, par une combinaison, celle de l'exploitation à
forfait par une Société distincte, combien elle se préoccupe
de l'avenir de son réseau. La confiance publique, qui a

répondu une première fois à son appel, ne manquera pas
de lui témoigner la même faveur, quand de nouveau elle
s'adressera aux capitaux pour achever son œuvre, pour la
compléter. Par ce qu'elle a fait, on peut présager ce qu'elle
fera, et les valeurs qu'elle a émises, comme celles qu'elle
pourra émettre dans l'avenir, seront certainement, avec
les garanties dont elles sont entourées, des titres de premier ordre.

C'est M. Géry, ancien conseiller d'Etat, ancien préfet
d'Alger, où il a marqué sa place dans les progrès adminis-
tratifs de notre colonie, qui est à la tête de la Compagnie
de Bône à Guelma ; plus que personne, il peut juger en
toute connaissance de cause des affaires algériennes et
des ressources de notre possession. Le Conseil d'administration et les actionnaires pouvaient difficilement faire un
meilleur choix.

Une dernière considération se présente à notre plume
en faveur des arguments que nous avons successivement
invoqués. Les insurrections des tribus rebelles deviennent
de plus en plus rares, heureusement, mais elles se sont
produites récemment encore, et peuvent se reproduire.
Quand l'Algérie sera sillonnée de voies ferrées, et quand
dans quelques heures le Gouvernement pourra concentrer
sur les points menacés les forces nécessaires à la répres-
sion, les rébellions seront vite terminées et sans effusion
de sang. La santé de nos troupes, souvent compromise
par les marches forcées dans des pays brûlants, y gagnera
d'abord, et quand les Arabes pourront juger *de visu* qu'en
un clin d'œil le « Cheval de feu », comme ils appellent la
locomotive, amènera devant eux des forces capables de les
contenir, nul doute que leurs instincts belliqueux ne

s'amoindrissent et qu'ils reportent vers les travaux des champs cette ardeur qu'ils ont jusqu'à présent trop sacrifiée à faire parler la poudre.

Mais ne l'oublions pas, les Chemins de fer sont surtout des instruments de paix et de civilisation; c'est pourquoi nous citons, comme la conclusion naturelle de ce travail, ces lignes d'un de nos confrères qui résume l'expression sincère des sentiments de tous ceux qui désirent la prospérité de notre colonie et de notre colonisation :

Lorsqu'il s'agit des meilleurs moyens à employer pour développer dans notre belle colonie algérienne l'activité, la prospérité commerciale, agricole, industrielle, tout le monde est à peu près d'accord sur ce point, qu'il faut suivre ici l'exemple des premiers colons du monde, des Américains, qui, lorsqu'ils posent le pied quelque part, commencent par construire un chemin de fer avant d'élever une maison. Ils savent, par expérience, qu'une contrée ne devient florissante que lorsque l'on a, à sa disposition, des moyens rapides de locomotion, tant pour les hommes que pour les choses.

Paris, avril 1877.

---

(1) *Moniteur des Chemins de fer, du Commerce, de l'Industrie et des Travaux publics du 29 mars 1877* : LES CHEMINS DE FER EN ALGÉRIE.

FIN

Paris. — Imprimerie J. COLLOT, 38, passage Jouffroy.

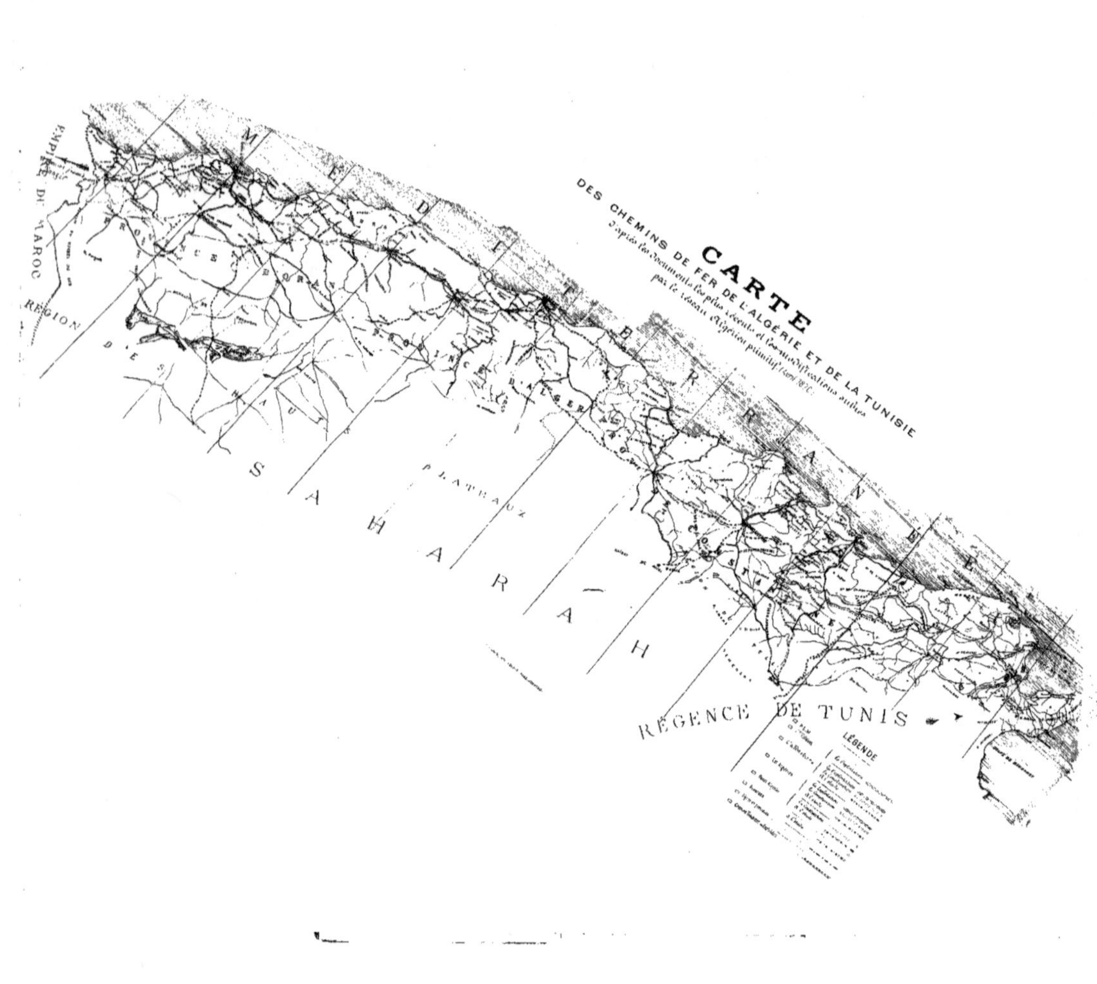

CARTE
DES CHEMINS DE FER DE L'ALGÉRIE ET DE LA TUNISIE
EMPIRE DU MAROC
RÉGION DES HAUTS PLATEAUX
SAHARAH
MÉDITERRANÉE
ALGÉRIE
RÉGENCE DE TUNIS
LÉGENDE